Johannes Galli
Gedankensprünge
auf sich selbst zu

Widmung

Für alle,

die daran glauben,

daß die Liebe stärker ist

als der Tod!

Das vollständige Verlagsprogramm des Galli Verlags können Sie im Internet unter www.galli.de nachlesen.

ISBN 3-926032-3-934861-41-5
1. Auflage 2001
Alle Rechte vorbehalten!
Lektorat: Harald Trede
Das Titelfoto von Johannes Galli ist entstanden in der Verbotenen Stadt Beijing, VR China, 1998.
Umschlaggestaltung: Dr. Tatjana Maya

Galli Verlag
Haslacher Str. 15
D-79115 Freiburg
Tel 0761/40 007-0
Fax 0761/40 007-33
eMail: verlag@galli.de
© Galli Verlag

Vorwort des Autors

Dieses Buch kann dreifach verwendet werden: Einmal liest man es völlig normal durch, so wie man andere Bücher auch durchliest. Man kann sich aber auch durcharbeiten: Jeden Tag nimmt man sich einen Gedankensprung vor, um ihn auf Tiefe und Wahrheitsgehalt zu überprüfen. Das macht man so: Man prägt sich des Morgens den Spruch ein und versucht während des Tages, sich mindestens neunmal an diesen Gedankensprung zu erinnern, ihn zu verstehen und vor allem auf die eigene Lebenssituation zu beziehen.
Man kann dieses Buch auch als Orakel nutzen. Man stellt eine Frage und schlägt das Buch irgendwo auf... und dort steht dann die Antwort schwarz auf weiß!
Ich wünsche der Leserin und dem Leser aus tiefstem Herzen, daß die Gedankensprünge mithelfen, den Schleier der Illusion, den wir so gerne über unser wirkliches Leben breiten, zu zerreißen und daß wir so die Erfahrung machen, daß nichts so entspannend und heiter ist wie die Wirklichkeit selbst.

Johannes Galli
Gedankensprünge
auf sich selbst zu

1

Das Leben

ist ein Spiel,

dessen Regeln man

erst am Ende

erfährt.

2

Ist wahr,

was ich sage,

oder was du

verstehst?

3

Wehe du

verkaufst dich,

ohne dich vorher

verschenkt zu haben.

4

Leute,

die es dir recht

machen wollen,

sind nur zu faul,

für sich selbst

zu sorgen.

5

Nur wer sich selbst

treffen läßt,

trifft andere.

6

Wer an Schuldgefühlen leidet,

ist nur zu feige,

um Verzeihung

zu bitten.

Nur wer das Scheitern schätzt, hat dauerhaften Erfolg.

8

Die Frage ist nicht,

welche Frage du stellst,

sondern welche Antwort

du zuläßt.

9

Gegen Gewohnheit hilft keine Änderung, denn auch Änderung kann zur Gewohnheit werden.

10

Hände, die beteuern,

dich loszulassen,

haben oft den

festesten Griff.

11

Wie oft muß man

immer wieder den

gleichen Fehler machen,

bis man begreift,

daß man immer wieder

den gleichen Fehler macht.

12

Wahrheit ist,

was wird,

und nicht,

was ist.

Keine Lüge

ist wirkungsvoller

als die dreist

formulierte

Wahrheit.

14

Das Einzige,

was manche Menschen

überfordert,

ist ihre andauernde

Unterforderung.

Jungsein heißt,

das Wesentliche suchen.

Altsein heißt,

das Unwesentliche

weglassen.

16

Je weniger die Liebe

gelebt wird,

um so mehr Wünsche

gebiert sie,

die nie wirklich erfüllt

werden können.

17

Es geht nicht nur

darum, seine Kräfte

zu entwickeln,

sondern auch den Raum

zu finden,

in dem man sie

anwenden kann.

18

Das Schicksal läßt sich

im allgemeinen erst dann

klar erkennen,

wenn es zum Eingreifen

bereits zu spät ist.

19

Ärgere dich nicht

über deine Fehler

und Schwächen -

wer bist du denn

ohne sie?

20

Haß ist vor

sich selbst

verborgene Schuld,

gegen die man

verzweifelt ankämpft.

21

Der längste Weg

auf dieser Welt

ist der vom Herz

in den Kopf

und von dort aus

wieder zurück.

22

Selbstbefreiung wird

mißverstanden

als Befreiung

vom Selbst.

23

Zeitlose Kunst wird

dadurch zeitlos,

daß sie immer genau

in der Zeit ist.

24

Fehler nennen wir

unglücklicherweise

genau jenen Moment,

in dem sich die Wahrheit

zum ersten Mal zeigt.

25

Sehnsucht

ist eine kurze Atempause

vor dem

Unvermeidlichen.

26

Es gibt genügend Menschen,

die immer und überall

helfen wollen,

aber kaum noch welche,

die sich immer und überall

helfen lassen wollen.

27

Der ist wahrhaft

glücklich,

der sich bedankt,

ohne etwas

zu bekommen.

Die Weisheit

der Schnecke:

Sei da, wo du bist,

immer daheim

und mach

schön langsam.

29

Es ist doch

so befriedigend,

sich immer um

jemanden zu sorgen,

dann braucht man

nichts für ihn zu tun.

30

Viele Menschen bleiben

deswegen dumm,

weil sie befürchten,

durch ein Klügerwerden

ihre Freunde zu verlieren.

Die meiste

Gedankenkraft

verschwendet

man mit der Frage:

Was denken andere

über mich?

32

Je weniger der Mensch

an sich selbst denkt,

um so mehr können andere

an ihn denken.

Für viele Menschen

besteht das Leben

aus der Suche nach Gründen,

sich nicht verändern

zu müssen.

34

Der Mensch

ist nahezu

pausenlos damit

beschäftigt,

sich selbst

in Szene zu setzen,

stellen oder

gar zu legen -

ohne es wirklich

zu können.

35

Wenn man sich selbst

nicht nimmt, wie man ist,

verlangt man dauernd

von anderen,

daß sie einen so nehmen,

wie man nicht ist.

36

Freunde

nennt man

jene Menschen,

die es genauso

wenig weit

gebracht haben,

wie man selbst.

37

Trennen kann man

sich nur von

einem Freund -

niemals von

einem Feind.

38

Jeder Mensch

hat eine ganz

eigene Schwäche,

die ihn außergewöhnlich

macht.

39

Wer über sich

selbst lacht,

lacht am besten.

40

Jeder Mensch hat

in seinem Leben

einen einzigen

Höhenflug.

Der Rest ist

Landung.

41

Manche

wissen genau,

was sie wollen,

und bekommen

deshalb nie,

was sie brauchen.

42

Die meisten

Menschen

haben Angst,

das zu verlieren,

was sie nie hatten.

43

Es gibt Menschen,

die sich

ohne Unglück

nicht glücklich fühlen.

44

Ungewöhnlich

sein zu wollen

ist inzwischen

sehr gewöhnlich

geworden.

45

Die meisten Menschen verwechseln integrieren mit intrigieren.

46

Manche merken erst

am Abschiedsschmerz,

wie schön es war.

47

Jeder Fehler,

den du machst, ist

ein Geschenk Gottes,

und jede Schwäche

weist den Weg.

48

Viele

sind so

unbewußt,

daß sie noch nicht mal

eine Ahnung

davon haben.

49

Freiheit heißt

für die meisten,

Dinge versprechen

zu dürfen,

die sie nie

halten können.

50

Freiheit beginnt mit

der Erkenntnis

der eigenen

Abhängigkeit.

51

Deswegen ist es

so schwer,

dem anderen

eine Grenze zu setzen,

weil man für sich selbst

keine akzeptiert.

52

Die Menschen

nennen sich

dann selbständig,

wenn sie frei

entscheiden dürfen,

wen sie um Rat fragen.

53

Nur

absoluter Beherrschung

lächelt

die Freiheit

milde zu.

54

Wirkliche Freiheit heißt,

alle Rollen

dieser Welt

spielen zu können.

Wahrheit ist nicht

nur, was war,

sondern auch,

was hätte sein können.

Alle

Wahrheitssucher

könnten sie finden -

wenn sie

die Lüge

suchen würden.

Wahrheit spricht

der Mensch

über andere.

Spricht er über sich selbst,

verhaspelt er sich in

seinen Illusionen.

58

Absolutes Glück:

Jeder gibt dem,

der es braucht,

das, was er hat.

Man kann

vor den anderen

nichts verbergen,

man kann nur hoffen,

daß sie nicht so

genau hinschauen.

60

Der heimliche Genuß beim Betrachten der Schwäche eines anderen entspricht der Anstrengung, mit der der andere versucht, diese Schwäche zu verbergen.

Das Leben ist eine Kette

verpaßter Möglichkeiten,

und doch bleibt Hoffnung:

noch weitere Möglichkeiten

zu verpassen.

Nur Gott

kann ertragen,

daß er auch nur

ein Mensch ist.

Heimat ist nicht dort,

wo du geboren wurdest,

Heimat ist nicht dort,

wo du gerne bist,

Heimat ist dort,

wo deine Aufgabe

auf dich wartet.

64

Früher schoß man

mit Kanonen,

heute schießt man

mit Geld.

65

Man will so

gesehen werden,

wie man sich anzieht,

man ist aber so,

wie man sich auszieht.

66

Heute kann man

Erfahrungen elektronisch

so schnell und präzise

weltweit übermitteln,

wie man keine

mehr macht.

Gefühle sind
Erinnerungen der Seele.
Emotionen sind der
Stuhlgang des Herzens.

68

Therapeuten sind

Priester

ohne Religion.

69

Priester sind

die Gallensteine

Gottes.

Die Ehe ist

die Antwort

auf eine Frage,

die keiner gestellt hat.

71

Die Treue in der Ehe

ist deswegen so wichtig,

damit niemand

Vergleichsmöglichkeiten

hat.

72

Die Schulen von heute

gibt es nur noch,

damit das Heer

der unnötigen Lehrer

eine Beschäftigung findet.

73

Alkohol-, Tabaksteuer?

Wem dient der Staat,

der von der Sucht

seiner Bürger lebt?

74

Warum denn über seinen Schatten springen wollen? Es ist doch so aufregend, durch ihn hindurch zu gehen.

75

Tagtäglich

überschreite ich meine

Lebenserwartung.

76

Wer die Angst so
genau beschreibt,
daß sie sich selbst
gemeint fühlt,
hat sie überwunden.

77

Jeder Mensch

hält sein Lebensziel

im Unklaren,

damit seine Wahllosigkeit

nicht auffällt.

78

Sicher ist uns Menschen

nur der Tod.

Wenn wir immer und überall

nach Sicherheit suchen,

was suchen wir dann?

Richtig!

Nur Tote

hängen

am Leben.

80

Dereinst wird

auf meinem

Grabstein stehen:

Wenn du mich liebst,

dann lache - jetzt!

81

Man kann nicht
alles haben,
aber man kann
alles sein.

*Eine Auswahl
aus dem
Angebot des
Galli Verlags*

Johannes Galli
Körperheimlichkeiten

„Wiewohl der Mensch nach wie vor große Pläne schmiedet wie zum Beispiel, Hotelketten auf dem Mond zu errichten, ist er mit den etwas kleineren Fragen vor allem des körperlichen Alltags oft heftig überfordert. Ein Fleck auf dem Rock, eine heftig verstopfte Nase oder gar ein überreifer Pickel an gut einsehbarer Stelle bringt den Menschen von heute in eine sehr unausgeglichene Gemütslage. Alles, was den Körper betrifft, scheint für den modernen Menschen eine ziemliche Zumutung zu sein, so daß er keine Mühe scheut, solche Körperlichkeiten zu verbergen oder, um es absurder zu formulieren: „öffentlich zu verheimlichen."
(Johannes Galli im Vorwort)

Neun aberwitzige Betrachtungen über körpersprachliche Kommunikation im Alltag

Galli, Johannes
Körperheimlichkeiten
96 Seiten
1. Auflage 1999
ISBN 3-926032-62-6

Johannes Galli
Aus dem Leben eines Clowns
Erste Serie - Frühe Fehlversuche

"In dieser in mehreren Serien erscheinenden autobiografischen Geschichtensammlung geht es nicht darum, Gedanken über den Clown schlechthin zu veröffentlichen, sondern ich möchte anhand verschiedener Situationen, in die das Leben mich steckte, meine eigene Entwicklung zum Clown unter wechselnden Blickwinkeln beleuchten."
(Johannes Galli im Vorwort)

Neun autobiografische Geschichten aus dem humorvollen Blickwinkel eines Clowns

Galli, Johannes
Aus dem Leben eines Clowns
Erste Serie -
Frühe Fehlversuche
192 Seiten
ISBN 3-926032-66-9
1. Auflage 1999

Johannes Galli
Aus dem Leben eines Clowns
Zweite Serie - Steile Sturzflüge

„Meine Geschichten von damals heute schreibend zu erlösen, bedeutet für mich, daß ich sie unter die Maxime stelle: Niemand anders trägt Schuld an meinem Schicksal als ich selbst! Einzutauchen in schmerzliche Erfahrungen meiner Kindheit, um sie neu zu erfahren, war für mich wie das Eintauchen in einen Jungbrunnen. Sehr spannend gestaltete sich für mich das Experiment, alte Gefühle mit neuen Wörtern zu erfassen."
(Johannes Galli im Vorwort)

Neun autobiografische Geschichten aus dem humorvollen Blickwinkel eines Clowns

Galli, Johannes
Aus dem Leben eines Clowns
Zweite Serie -
Steile Sturzflüge
200 Seiten
ISBN 3-934861-37-7
1. Auflage 2001

Johannes Galli
Clown - Die Lust am Scheitern

„Das vorliegende Buch zeigt meine eigene Konfrontation mit dem Clown und möchte die Leserin und den Leser auffordern, das Gleiche zu wagen. Dieses Buch hilft dabei, den eigenen Weg zum inneren Clown, der in jedem Menschen schlummert, zu entdecken und zu gehen. Einmal am Tag oder einmal in der Woche oder einmal im Monat ist es ratsam, eine beliebige Seite aufzuschlagen und, rein betrachtend, den Sinnspruch auf sich wirken zu lassen. Die Leserin oder der Leser sollte Worte und Bilder einfach eindringen lassen. Der Clown stößt jedem eine Tür auf und zeigt einen Weg."
(Johannes Galli im Vorwort)

In prägnanten Sinnsprüchen beschreibt Johannes Galli das Wesen des Clowns, der in frühen Kulturen einen wichtigen Stellenwert innerhalb der Gesellschaft innehatte

Galli, Johannes
Clown – Die Lust am Scheitern
165 Seiten, 96 Photos s/w
22,5 x 26 cm
ISBN 3-926032-02-2
2. Auflage 1999

Johannes Galli

Dynamisches Erzählen

„In *Dynamisches Erzählen* geht es darum, das Bewußtsein zu schärfen für die Tatsache, daß es in der täglichen Kommunikation, gleichgültig ob in familiären, beruflichen oder gesellschaftlichen Zusammenhängen, darum geht, nicht nur intellektuelle Informationen auszutauschen, sondern auch die Gefühlsebene miteinzubeziehen, die sich nun mal nur über Geschichtenerzählen erreichen läßt."
(Johannes Galli im Vorwort)

Weitere Titel der methodischen Schriftenreihe Galli Script:

- Interkulturelle Kommunikation und Körpersprache
- Körpersprache und Kommunikation
- Der Clown als Heiler
- Tanzmeditationen Band 1-3
- Die sieben Kellerkinder
- Kommunikationstheater

Galli, Johannes
Dynamisches Erzählen
1. Auflage 1999, 72 Seiten
ISBN 3-926032-50-2

Johannes Galli
Alltagsgötter

„Es sind doch die kleinen verwirrenden Begegnungen und heiteren Mißverständnisse im Alltag, die denselben spürbar auflockern und dem rückblickenden Lebensteilnehmer das sinnstiftende Gefühl verleihen, daß vielleicht doch nicht alles umsonst war.
Immer wieder treffen wir in unserem Leben Menschen, die sich in ganz gewöhnlichen Zusammenhängen ausgesprochen außergewöhnlich verhalten und dadurch unsere Aufmerksamkeit an sich reißen."
(Johannes Galli im Vorwort)

Neun
Schilderungen
außergewöhnlich
gewöhnlicher
Begegnungen

Galli, Johannes
Alltagsgötter
128 Seiten
ISBN 3-934861-39-3
1. Auflage 2001

Johannes Galli

Sieben Kellerkinder® Tarot

Das „Sieben Kellerkinder® Tarot" von Johannes Galli ermöglicht es in drei verschiedenen Spielen, die in der beiliegenden Spielanleitung beschrieben sind, seinen eigenen Kellerkindern auf die Spur zu kommen. Somit können zum einen Fragen aus allen Bereichen des Lebens kreativ bearbeitet werden. Zum anderen dient das Sieben Kellerkinder Tarot auch als Gesellschaftsspiel, das ein unvergeßliches Ereignis wird.

Die sieben Kellerkinder als Tarotkarten

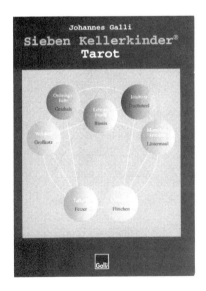

Galli, Johannes
Sieben Kellerkinder® Tarot
1. Auflage 2000
ISBN 3-934861-32-6

Johannes Galli/Michael Summ

CD Weltengaukler Trance

CD Reihe Weltengaukler

Musik zum Träumen und Phantasieren, eine Reise in die innere Bilderwelt

Diese von Johannes Galli komponierte Musik hilft, tiefe Entspannung zu finden. Die CD „Weltengaukler Trance" wird weltweit von Therapeuten und Ärzten eingesetzt, um Menschen zu inneren Bildern zu führen, die sie entspannt und gestärkt in den Alltag zurückkehren lassen.

Weitere CDs der Reihe Weltengaukler:

Weltengaukler Traum

Weltengaukler Tanz

J. Galli/M. Summ
Weltengaukler Trance
Gesamtspielzeit 64:45 Min
ISBN 3-926032-69-3

Johannes Galli

CD Neun eigene Gedichte

Die Gedichte wurden von Johannes Galli im Zeitraum von 1989 bis 1994 als Zeugnisse unterschiedlicher Lebensphasen und Lebensstimmungen geschrieben und am 23. Oktober 2000 von ihm selbst gesprochen. Die Auswahl und Reihenfolge umfaßt ein breites Spektrum menschlicher Gefühle, so daß die Gedichte auf den Hörer eine sowohl konfrontierende als auch harmonisierende Wirkung entfalten.

Neun Gedichte geschrieben und gesprochen von Johannes Galli

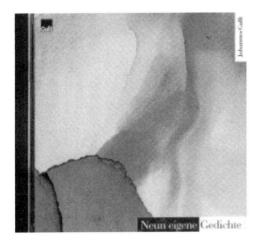

Galli, Johannes
Neun eigene Gedichte
Gesamtspielzeit 20:02 Min
1. Auflage 2000
ISBN 3-934861-35-0

Johannes Galli/Michael Summ

CD Tanzmeditation
Die sieben Kellerkinder

Die Reihe 'Tanzmeditationen' wurde von Johannes Galli entwickelt und gemeinsam mit dem Musiker Michael Summ komponiert. Die Musikstücke regen an, das jeweilige Thema in phantasievollen Bewegungen spielerisch und tänzerisch auszudrücken und so die eigene Kreativität und Rollenvielfalt zu erhöhen. Als Übungsbücher zu den Tanzmeditationen erschienen in der Reihe Galli Script drei Bände, die eine effektive Anwendung der Tanzmeditationen ermöglichen.

Die CD *Die sieben Kellerkinder* lädt ein, sieben Schattenfiguren auf die jeweilige Musik zu tanzen und zu spielen, um so das eigene verborgene kreative Potential zu entdecken und zu befreien.

CD Reihe
Tanzmeditationen

Tanzmeditationen ermöglichen durch bewußte Bewegung auf Musik eine effektive Entfaltung der eigenen Kreativität

Weitere Titel sind:
- Bewegung
- Schmetterling
- Tiere
- Mythos Mensch
- Eigener Tanz
- Clown

Galli, Johannes
Die sieben Kellerkinder
Gesamtspielzeit 42:33 Min
1. Auflage 1999
ISBN 3-926032-77-4

Johannes Galli/Michael Summ

CD Lebendige Märchen mit Musik

Johannes Galli erzählt die beliebten Märchen Dornröschen, Rotkäppchen, Rumpelstilzchen und Froschkönig mit großer Lebendigkeit. Er schlüpft dabei in jede Rolle hinein, belebt diese mit charakteristischen Stimmelementen und kreiert die jeweilige Märchenstimmung. Der Musiker Michael Summ läßt sich von dieser Erzähldynamik inspirieren, begleitet diese mit seiner Musik und schafft eine stimmungsvolle und spannende Untermalung. Diese harmonische Verbindung bringt ein Gesamtkunstwerk hervor, das nicht nur den jungen Hörer in jene zauberhafte Welt entführt, die Urbilder der menschlichen Seele verborgen hält.

**CD Reihe
Lebendige Märchen**

Märchen eröffnen eine seelenvolle Welt!

**Weiteres zum Thema Märchen:
CD Märchenlieder
Original Soundtrack aus den Märchentheaterstücken von Johannes Galli
auch als MC erhältlich**

Galli/Summ
Lebendige Märchen mit Musik
Gesamtspielzeit 63:40 Min
ISBN 3-926032-38-3

Information

Gerne schicken wir Ihnen das
vollständige Verlagsprogramm zu.

Besuchen Sie uns auch im
Internet unter:

www.galli.de
www.galli-group.com

Galli Verlag
Haslacher Str. 15
79115 Freiburg
Tel 0761/ 40 007-0
Fax 0761/ 40 007-33
eMail verlag@galli.de
www.galli.de
www.galli-group.com